LA PREMIÈRE LÉGATION

(1847)

DOCUMENTS INÉDITS

PUBLIÉS PAR

HENRI CORDIER.

高

Extrait du «*T'oung-pao*», Série II, Vol. VII, N° 3.

LIBRAIRIE ET IMPRIMERIE
CI-DEVANT
E. J. BRILL.
LEIDE — 1906

LA PREMIÈRE LÉGATION DE FRANCE EN CHINE

(1847)

DOCUMENTS INÉDITS

PUBLIÉS PAR

HENRI CORDIER.

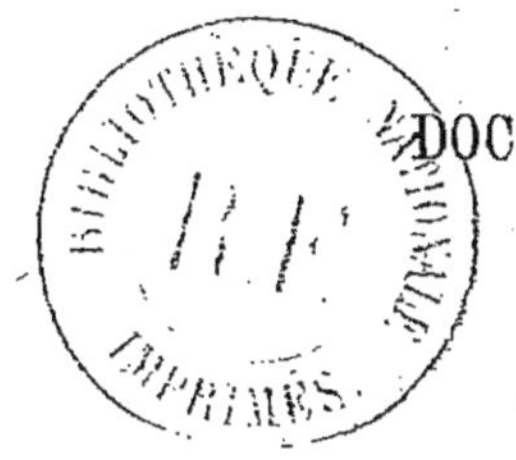

高

Extrait du « *T'oung-pao* », Série II, Vol. VII, N⁰. 3.

LIBRAIRIE ET IMPRIMERIE
CI-DEVANT
E. J. BRILL.
LEIDE — 1906.

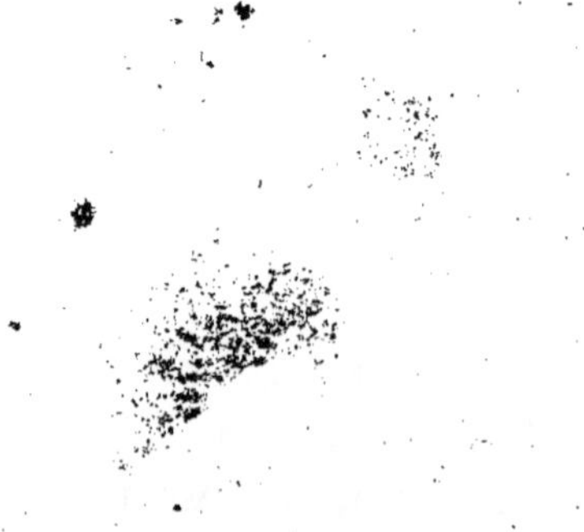
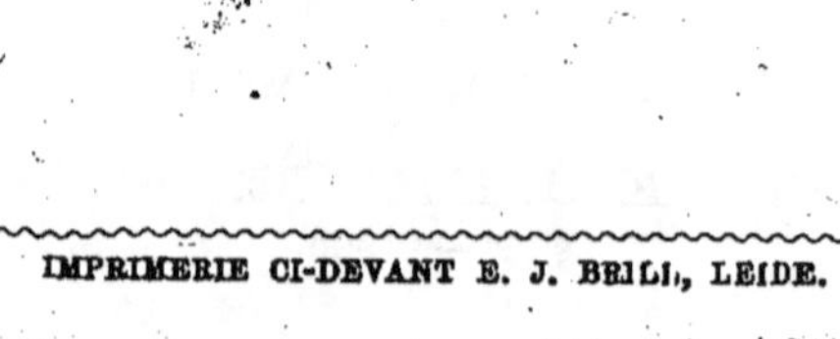

IMPRIMERIE CI-DEVANT E. J. BRILL, LEIDE.

LA PREMIÈRE LÉGATION DE FRANCE EN CHINE

(1847)

DOCUMENTS INÉDITS

PUBLIÉS PAR

HENRI CORDIER.

Pendant longtemps, la France eut comme unique représentant de ses intérêts en Chine un simple consul à Canton, d'ailleurs le seul port ouvert au commerce étranger avant 1842; cet agent lors de l'arrivée de M. de Lagrené à Macao, le 13 août 1844, était M. Lefebvre de Bécour.

La mission confiée par le gouvernement du roi Louis-Philippe dans les instructions de M. Guizot, ministre des Affaires étrangères, du 9 novembre 1843, à M. T. de Lagrené [1]) comme Envoyé extraordinaire et Ministre Plénipotentiaire en Chine, n'avait qu'un caractère temporaire et un but déterminé: obtenir par un traité les mêmes avantages que la Grande Bretagne et les Etats-Unis avaient arrachés à la Chine à Nan-king et à Wang-hia et chercher dans les

---

1) *Théodose Marie Melchior Joseph* de Lagrené, né en Picardie le 14 mars 1800; † le 27 avril 1862; entré en 1822 aux Affaires étrangères sous le ministère de Mathieu de Montmorency; successivement Secrétaire d'Ambassade en Russie (où il se maria); ministre plénipotentiaire en Grèce; chargé de sa grande mission de Chine; à son retour créé Pair de France, juillet 1846; siégea au Luxembourg jusqu'en 1848; élu en 1849 représentant de la Somme à l'assemblée législative; rentré dans la vie privée après le coup d'état du 2 déc., il devint l'un des membres du Conseil d'administration du Chemin de fer du Nord.

mers d'Extrême-Orient un point où la France pourrait fonder un établissement militaire pour sa marine et un entrepôt pour son commerce. M. de Lagrené signa un traité à Whampoa le 24 oct. 1844, et quitta Macao le 11 janvier 1846, laissant M. de Bécour à Canton.

Le 4 octobre 1844, M. Lefebvre de Bécour [1]) écrivait de Macao à la Direction Politique du Ministère des Affaires étrangères:

«J'ai eu l'honneur d'être présenté hier au Commissaire Impérial par M. de Lagrené, en qualité de Consul de première classe, chargé par intérim du Consulat de France en Chine. M. de Lagrené a dit au Commissaire Impérial que j'avais désiré ne me présenter que sous les auspices du Ministre de France, et que j'avais attendu son arrivée pour me faire reconnaître. J'ai pris ensuite la parole, et j'ai fait répéter à peu près la même chose en d'autres termes. Le Commissaire Impérial a paru me voir avec plaisir.

«Monsieur de Lagrené vous rendra compte de cette présentation et de tout ce qui s'est passé à cet égard entre lui et moi....»

Mais la signature des traités étrangers devait avoir pour conséquence le remaniement des postes d'Extrême Orient.

Cinq ports: Canton, Amoy, Fou-tcheou, Ning-po et Chang-hai, étaient ouverts au commerce étranger, au lieu du seul port de Canton. Sir John Francis Davis avait remplacé (février 1844) Sir Henry Pottinger comme «Chief Superintendent» du commerce anglais en Chine et comme gouverneur de Hong kong; les Américains avaient nommé (13 Mars 1845) un Commissaire, Alexander H. Everett;

---

1) *Charles* Lefebvre de Bécour, né à Abbeville, le 25 sept. 1811; surnuméraire aux archives des Affaires étrangères, 21 fév. 1834; à la division politique, 23 sept. 1834; attaché au cabinet de Molé, 1836; rédacteur à la division politique, mars 1839; chargé d'affaires à Buenos-Ayres, 1840; rédacteur à la division politique, 1842; consul de 1e classe à Manille; gérant le consulat général, 18 mars 1843; consul général, 18 déc. 1846; rappelé le 14 avril 1848; à Calcutta, 3 mars 1849; sous-directeur à la division politique, 16 janvier 1852; ministre plénipotentiaire près la République argentine, 2 fév. 1856; admis à la retraite, 7 nov. 1866; Commandeur de la Légion d'honneur, 11 août 1862; collaborateur de la *Revue des Deux Mondes*, du *Journal des Débats*, L. de B. a publié divers travaux d'histoire contemporaine.

déjà le capitaine G. Balfour[1]) nommé consul anglais, arriva à Chang-haï le 5 nov. 1843 et déclara ce port ouvert au commerce le 17.

La France se décida à supprimer ses consulats de Manille et de Canton, et à créer une légation permanente en Chine et un vice-consulat à Chang-haï dont le premier titulaire fut M. de Montigny[2]).

En conséquence, le 16 janvier 1847, M. Guizot, ministre des Affaires étrangères, adressait au Roi le rapport suivant:

SIRE

Les nouveaux rapports que les évènemens ont amenés entre la Chine et les nations chrétiennes me font un devoir de proposer à Votre Majesté d'envoyer en Chine un Résident politique, comme l'ont fait déjà l'Angleterre et les Etats-Unis. La présence d'un agent diplomatique dans ce pays est indispensable pour assurer l'exécution du traité de Whampoa et pour faire jouir nos nationaux, missionnaires ou commerçants, des garanties qui ont été stipulées en leur faveur. Un agent de la carrière consulaire, eut-il le titre de Consul Général, ne suffirait pas pour remplir ce but. Placé dans la catégorie des Agens commerciaux, il ne pourrait d'après les distinctions admises dans les derniers traités, correspondre sur le pied d'égalité qu'avec les autorités chinoises en sous ordre; pour s'adresser aux hauts fonctionnaires, il serait obligé de recourir à la forme d'*exposé* et de recevoir les réponses sous forme de *déclaration*. Cette position

Rapport au Roi, 16 janvier 1847.

---

1) Depuis le général Sir George Balfour, † à Londres dans sa 85e année, le 12 mars 1894.

2) *Louis-Charles-Nicolas Maximilien* de Montigny, né à Hambourg le 4 Août 1805; chancelier de l'ambassade T. de Lagrené; agent consulaire à Chang-haï le 20 Janvier 1847; consul de 1ère classe le 24 Octobre 1855; chargé de mission au Siam de 1855 à 1857; consul général le 5 Juillet 1858; à Canton le 2 février 1859; en disponibilité le 16 Août 1862; mort 14 Septembre 1868; Commandeur de la Légion d'Honneur le 11 Août 1862. Auteur de: *Manuel du négociant français en Chine ou Commerce de la Chine considéré au point de vue français.* Paris, 1846, in-8.

aurait le double inconvénient de rabaisser le caractère de l'Agent français et de rendre son action inefficace.

La nécessité de l'envoi d'un Agent diplomatique une fois reconnue, il restait à examiner de quel titre il conviendrait de le revêtir.

Au dessus des Consuls ou Agens commerciaux de différentes classes, les Chinois ne connaissent que deux sortes de fonctionnaires, savoir les *kin-chai* [1]), *Commissaires impériaux*, ou Ambassadeurs proprement dits, et les *Koŭn-che* [2]), *Envoyés diplomatiques*. Les représentans de l'Angleterre et des Etats-Unis se sont contentés de ce dernier titre. La France n'a pas intérêt à ce que son représentant soit classé dans la catégorie supérieure, mais en se renfermant dans la seconde, on peut réclamer le rang de *Koŭn-che*, soit pour un Ministre Plénipotentiaire, soit pour un Chargé d'Affaires. — Votre Majesté jugera sans doute qu'un Chargé d'Affaires suffit, quant à présent, pour la protection des intérêts français; seulement, pour que son rang soit mieux compris en Chine, je crois devoir proposer à Votre Majesté de lui donner le titre d'*Envoyé et Chargé d'Affaires*, qui correspond plus exactement à celui de *Koŭn-che*.

Le traitement à affecter à ce poste ne me parait pas pouvoir être fixé au dessous du chiffre de 60.000 fr.; cette somme se trouverait d'ailleurs immédiatement disponible au moyen de la suppression du consulat de Canton, dont le traitement est de 40.000 fr., et de la réduction de 20.000 fr., récemment opérée sur le traitement du Consulat Général de Manille, que Votre Majesté vient de transformer en Consulat de 1ère classe.

Si le Roi daigne approuver l'ensemble de ces propositions, je signalerai au choix de Sa Majesté M. Forth-Rouen, Secrétaire de la

---

1) *K'in Tch'ai* 欽差.

2) *Kong che* 公使; depuis abandonné par le gouvernement chinois.

Légation de France à Lisbonne, qui a rempli longtemps avec distinction dans cette Capitale les fonctions de Chargé d'Affaires.

J'ai l'honneur de soumettre à la signature du Roi deux projets d'ordonnances destinés à réaliser cette combinaison.

Je suis avec respect

Sire

de Votre Majesté

Le très humble et très obéissant serviteur et fidèle sujet

Le Ministre Secrétaire d'Etat au Dép^t. des Affaires Etrangères

(sig.) Guizot.

Paris le 16 janvier 1847.

Les deux ordonnances signées le 19 janvier 1847 portaient, la première, que «le Consulat établi en Chine est remplacé par une mission politique, à la résidence de Canton» et que «un traitement annuel de 60000 fr. est affecté à ce projet», la seconde que «le Sr Forth Rouen [1]) Secrétaire de notre Légation à Lisbonne est nommé notre Envoyé et Chargé d'Affaires en Chine».

Quatre jours plus tard, le Ministre des Affaires étrangères donnait avis à M. Lefebvre de Bécour de la nomination de M. Alexandre Forth Rouen et de la suppression du consulat de Canton.

---

1) *Sophie-Elie-Alexandre*, baron Forth-Rouen, né en mai 1809; surnuméraire à la direction politique, 19 avril 1830; attaché à Londres, 15 juin 1831; commis à la direction politique, 1er mai 1833; attaché payé au cabinet, 1839; secrétaire à Lisbonne, 15 décembre 1841; envoyé chargé d'affaires en Chine, 19 janvier 1847; ministre plénipotentiaire à Lisbonne, 20 février 1851, mais nommé à Athènes 2 avril 1851; à Dresde, 29 novembre 1854; en disponibilité en 1868; mort à Paris, 13 décembre 1886; grand-officier de la Légion d'honneur depuis 1869.

23 Janvier 1847.

Monsieur

J'ai l'honneur de vous annoncer que, par ordre du 19 de ce mois, le Roi a nommé M. FORTH ROUEN, précédemment Secrétaire de la Légation de France à Lisbonne, son Envoyé et Chargé d'Affaires en Chine. M. Forth Rouen ne tardera pas à partir pour cette destination. Vous voudrez bien attendre son arrivée et lui faire la remise des Archives du Consulat de France en Chine, remplacé par la nouvelle mission politique, avant de vous rendre vous-même au nouveau poste que S. M. vient de vous confier.

Recevez, etc.

Une question importante se posait immédiatement; celle d'un interprète de la nouvelle mission politique; M. Callery qui avait servi d'interprète à M. de Lagrené, était rentré à Paris et rendait d'utiles services au Département des Affaires étrangères; la note suivante indique le parti auquel on s'arrêta:

Note pour le Ministre [1]).

Paris, ce 3 mars 1847.

La création d'une mission en Chine et d'une agence consulaire à Chang-Haï nécessite la nomination d'un interprète pour chacune de ces deux résidences.

Pour le poste de Canton, il vrait difficile de faire dès à présent un choix définitif; l'interprète pour ce poste ne peut être pris que sur les lieux faute de candidat en Europe et si sa désignation avait lieu à Paris même, il se pourrait qu'à l'arrivée de la mission, la personne désignée ne fut pas en état de remplir ses fonctions, la distance qui sépare la Chine de la France occasionnerait dans ce cas des retards très-préjudiciables au service. On propose en conséquence d'autoriser M. Forth Rouen, Envoyé du Roi en Chine, à choisir sur les lieux, dès qu'il y sera parvenu, un interprète provisoire.

Le choix de M. Forth Rouen s'arrêtera sans doute sur M. José Martinho MARQUES [2]), Portugais, actuellement deuxième interprète du Sénat de Macao. M. Marques, établi en Chine depuis 30 ans, sait à la fois et la langue mandarine qu'on emploie dans les relations officielles, et la langue cantonnaise parlée par la population indigène. Il a eu occasion de servir à plusieurs reprises par ses connaissances spéciales la mission dirigée par Mr. de Lagrené.

Le traitement à allouer à l'interprète de la Mission du Roi à Canton ne pourrait être au-dessous de 6000 f. M. Marques a déclaré pouvoir se contenter

---

1) Minute. — Approuvé par le Ministre.

2) Voir Henri Cordier, *Exp. de Chine de 1857—58*, p. 118 *n.* et *pass.*

de cette somme, parce qu'il est déjà établi dans le pays, mais il parait qu'elle serait insuffisante pour tout autre qui ne serait pas dans la même position.

Quant à Chang-Haï, on pourrait désigner pour les fonctions d'interprète dans cette résidence, M. KLECZKOWSKI [1]), jeune Polonais qui a été admis à se perfectionner dans la langue chinoise sous M. Callery et qui parait avoir fait de rapides progrès, un travail soutenu le mettra en état de seconder M. de Montigny après quelques mois de séjour sur les lieux. M. Kleczkowski est d'ailleurs intelligent et zélé, il sait l'anglais, le russe, et d'autres langues européennes; il a été recommandé au Département par Mr. DESMOUISSEAUX de GIVRÉ, Député [2]).

Il serait impossible de trouver en Europe un interprète déjà instruit pour la résidence de Chang-Haï, et si on voulait le choisir sur les lieux, les mêmes obstacles se présenteraient, à moins de s'adresser à un Anglais, ce qui pourrait avoir des inconvéniens.

Le traitement alloué à l'interprète de l'agence consulaire de Chang-Haï, ne parait pas pouvoir être inférieur à 4000 f., encore serait-ce à la charge par le Vice-Consul de loger l'interprète. Si cette condition n'est pas remplie, il faudrait augmenter ce traitement d'au moins 1000 f.

En l'absence de fonds libres pour subvenir aux traitements des interprètes de Canton et de Chang-Haï, ils devront être pris sur les frais de missions extraordinaires.

Autre point capital au début de la nouvelle mission: la constitution d'un fonds d'archives:

M. FORTH ROUEN demande que l'on forme pour composer les archives de la mission de France en Chine, une collection de la correspondance de M. de Lagrené, au moyen des numéros qui existent, en double, sous le timbre politique et sous le timbre commercial, et cette mesure parait en effet nécessaire. *(Note pour le Ministre, 15 Mars 1847 [3]).*

---

1) *Michel-Alexandre*, comte Kleczkowski, né le 27 février 1818, au château de Kleczkow, en Gallicie; attaché au consulat de Chang-haï, 19 mars 1847; naturalisé français en 1850; attaché payé à la légation de France, Peking 1854; chargé d'affaires, 1er juin 1862 au 11 avril 1863, puis à Paris, secrétaire interprète pour la langue chinoise à Paris. Chargé d'un cours libre de chinois pratique, il fut nommé professeur à l'Ecole des Langues orientales vivantes à la fin de 1871; il est mort le 23 mars 1886.

2) *Bernard Jean* Echard, Baron Desmousseaux de Givré, né à Vernouillet (Eure-&-Loir) le 1er janvier 1794; † à Paris, le 26 août 1854; attaché d'ambassade à Londres; Secrétaire à Rome; démissionnaire; reprend du service, 1830; premier secrétaire d'ambassade à Londres en 1837; député d'Eure-&-Loir, 4 nov. 1837; réélu le 2 mars 1839 et le 9 juillet 1842.

3) Approuvé G.[uizot.]

Le nombre et la longueur des dépêches de M. de Lagrené, rendent presque impossible de les faire copier toutes, dans le court espace de tems qui doit s'écouler jusqu'au départ de la mission de Chine; à peine M. Forth Rouen pourra-t-il faire faire des expéditions des lettres qui ne se trouvent pas en double, car les numéros en duplicata ne représentent, environ, qu'une moitié de la correspondance totale.

On propose de réunir une suite complète de tout ce qui a été écrit par M. de Lagrené, tant sous le timbre politique, que sous le timbre commercial, et de remettre à M. Forth Rouen tout ce qui se trouvera, en double, sous l'un et l'autre des deux timbres. Il ne parait pas qu'il y ait d'inconvénient à se dessaisir de ces duplicata, par ce que les nombreuses lacunes qui existent, notamment dans les dépêches commerciales, rendraient impossible de former pour le Département deux collections complètes pour chacune des deux Directions.

Son Excellence est priée de vouloir bien faire connaître sa décision.

Le cérémonial à observer dans les relations avec les Chinois a une importance capitale, et pour guider le nouvel envoyé, le Département a recours aux lumières d'un homme expérimenté, CALLERY, prêtre défroqué des Missions étrangères de Paris, interprète de la mission Lagrené:

Direction
Politique à
M. Callery.

Paris, ce 18 mars 1847.

M., les questions de cérémonial et d'étiquette ont en Chine une importance beaucoup plus grande que partout ailleurs, et il pourrait y avoir, surtout au début d'une mission des inconvéniens sérieux à en ignorer les règles. Il est donc à désirer que M. Forth Rouen avant son départ ait des notions exactes sur la manière dont il devra, à son arrivée à Canton, se mettre en rapport avec les autorités chinoises et sur les formes à observer dans ses relations officielles avec elles. Votre long séjour en Chine, la connaissance que vous avez des usages de ce pays et les communications fréquentes que vous avez eues avec les hauts fonctionnaires chinois, vous mettent plus que personne, M., en état de donner à cet égard les renseignements les plus complets. Vous voudrez bien en conséquence rédiger à cet effet une note contenant tous les détails nécessaires, et me l'adresser le plus tôt qu'il vous sera possible.

M. Callery [1]) s'empresse de répondre à la confiance qui lui est témoignée par la lettre suivante qui offre le plus vif intérêt:

---

1) *Joseph Gaëtan Pierre Marie* Calleri ou Callery, né à Turin en 1810; agrégé du diocèse de Chambéry; parti du Hâvre pour Macao à la fin de Mars 1835, à destination de Corée où il n'est jamais allé; quitta la Société des Missions étrangères; † à Paris, 8 juin 1862.

Paris, le 26 Mars 1847.

Lettre[1]) de
M. Callery
à Monsieur
Desages[2]),
Directeur de
la Direction
Politique,
&c., &c.

Monsieur le Directeur,

J'ai reçu la lettre que vous m'avez fait l'honneur de m'adresser en date du 18 du courant, par laquelle vous me chargez de rédiger un rapport qui puisse éclairer M. Forth Rouen sur les formalités à remplir dans les débuts de sa mission en Chine.

Dans un pays aussi scrupuleux que la Chine pour tout ce qui tient aux formes, il est en effet très important de bien commencer, et d'adopter, tout en y arrivant, une ligne de conduite extérieure telle, qu'on ne soit pas forcé de s'en écarter dans la suite.

Deux écueils dangereux attendent tous les diplomates qui abordent l'empire chinois, sans le connaître, savoir, trop d'exigence ou trop de condescendance. Ces deux écueils sont, pour ainsi dire, inhérents au sol du pays, et les hauts fonctionnaires chinois eux-mêmes, s'y heurtent sans cesse, parce que la politique de leur gouvernement ne connait, dans les temps prospères, que le *stat pro ratione voluntas*, et ne peut opposer dans les temps difficiles, qu'une prompte et humiliante retraite. Mais s'il est indifférent, pour les Chinois, de donner aujourd'hui dans un excès de fermeté, demain dans un excès de faiblesse, il n'en est pas de même à l'égard des Européens, dont la politique ne peut triompher en Chine que par la raison et le bon droit. Lord NAPIER[3]) a été tué par l'exigence: M. ELLIOT[4]) qui vint après a succombé devant l'excès contraire. Sir Henry POTTINGER a réussi en se tenant dans un juste milieu qui lui a captivé les sympathies, même des Plénipotentiaires chinois auxquels il dicta le traité de Nan-king. Et remarquez, Monsieur le Directeur, que ces différentes manières de traiter avec les agents du Cabinet de Pe-king n'ont pas été le résultat du caractère personnel des individus. C'étaient des systèmes politiques formés de toutes pièces, qui comptaient, et qui comptent encore aujourd'hui, des défenseurs chaleureux parmi les étrangers qui ont vieilli en Chine. Le

---

1) L. autog. signée.

2) Benoit-Victor-*Emile* Desages, né le 7 juillet 1793; mort à Paris, le 25 nov. 1850. — Accompagne comme secrétaire le ministre Bignon à Varsovie, en sept. 1811; élève diplomatique, 8 déc. 1813; attaché à la division politique, 1er sept. 1814; 2e secrétaire de légation à Rio de Janeiro, 9 nov. 1819; 2e secrétaire d'ambassade à Constantinople, 28 oct. 1821; 1re secrétaire, même poste, 24 mai 1826; chargé d'affaires en l'absence de l'ambassadeur; directeur politique, 1er nov. 1830; admis à la retraite, 24 fév. 1848; chevalier de la Légion d'honneur, 31 oct. 1827; officier, 30 avril 1831.

3) Envoyé à Canton par Guillaume IV comme «superintendant» du commerce anglais en 1834; † d'épuisement à Macao, le 11 oct. 1834.

4) Le Cap. Elliot remplaça en déc. 1836 Sir G. Robinson comme «Chief Superintendant».

Ministère a peut-être eu connaissance des efforts qui ont été faits auprès de M. de Lagrené pour entrainer la Légation dans un de ces deux abimes. Si elle y était tombée, c'en était fait de ses négociations, car les missions de Lord Napier et du Capitaine Elliot, qui ont toutes deux échoué, s'étaient présentées dans le Céleste Empire avec un bien plus grand appareil que la nôtre.

Ce serait donc, à mes yeux, une égale faute, soit de pousser trop loin ses prétentions, lorsque l'objet n'a pas une grande importance dans l'esprit des Chinois, soit de les abandonner trop facilement, lorsque cette condescendance pourrait servir de précédent, pour établir nos rapports sur un pied qui ne serait pas convenable.

Dans le cas dont je dois m'occuper, que convient-il de faire pour la dignité de nos nouvelles relations avec la Chine? A mon avis, il serait bon, d'abord, que le Département donnât ordre à M. Lefebvre de Bécour d'annoncer officiellement au Commissaire Impérial la prochaine arrivée d'un nouvel envoyé diplomatique français; mais il faudrait bien recommander au dit Consul de désigner M. Forth Rouen par le titre de *Kuñ-xe* 公使, le seul que le Gouvernement chinois soit appelé à lui reconnaître. S'il entrait dans les habitudes du ministère de dicter quelquefois à ses agents à l'étranger les dépêches qu'ils doivent adresser au gouvernement local, il y aurait des raisons graves pour qu'on envoyât à M. Lefebvre la minute de la dépêche qu'il serait chargé de transmettre à Kɪ-ɪñ [1]) sous le sceau du consulat. Je pourrai, Monsieur le Directeur, vous donner verbalement plusieurs raisons à l'appui de cette idée.

Deux ou trois mois après que le Gouvernement chinois aura été informé des mesures prises par le ministère pour le rétablissement des relations permanentes avec lui, la corvette qui transporte M. Rouen arrivera à Macao. Pourquoi, me demandera-t-on, n'irait-elle pas à Hong-kong, ou ne se rendrait-elle pas en droiture à Canton, lieu de la résidence officielle de notre envoyé? Je réponds, d'abord, pour ce qui regarde Hong-kong, qu'en abordant ainsi le Céleste Empire à l'ombre du Pavillon Britannique, le représentant de la France aurait l'air de s'inféoder à la politique anglaise, et deviendrait l'objet d'une juste défiance de la part des Chinois, comme cela est un peu arrivé lorsque M. de Lagrené, après un an de séjour en Chine, est allé rendre visite au Ministre Plénipotentiaire Davis [2]), Gouverneur de Hong-kong. Les Anglais s'empressèrent de lui décerner toute espèce d'honneurs, plus, peut-être, que son rang n'en comportait; c'était un piège: heureusement il était peu dangereux dans l'état avancé où nos négociations se trouvaient alors; mais au début, il aurait pu avoir des conséquences fâcheuses, et je conseillerais à M. Rouen de

---

1) Kɪ-ʏɪɴɢ 耆英; cf. Henri Cordier, *Exp. de Chine* 1857—1858, pass.

2) *John Francis* Davis, né 16 juillet 1795; † 13 nov. 1890 à Hollywood Tower, Westbury-on-Trim. — Cf. H. Cordier, *Half a Decade of Chinese Studies*, pp. 4—6.

suivre l'exemple de l'habile ministre actuel des Etats-Unis, M. EVERETT [1]), qui s'est abstenu, jusqu'à présent, d'aller à Hong-kong recueillir des salves et des toasts.

Quant à se rendre immédiatement à Canton en arrivant, sans mettre pied à terre ailleurs, je crois la chose impraticable pour plusieurs motifs qu'il est inutile de mentionner ici: puis, il y aurait peut-être des inconvénients graves, à ce que l'Envoyé de France reçût les félicitations des autorités chinoises dans la maison d'un marchand anglais ou américain, où, cependant il serait forcé de descendre, en attendant qu'il pût se procurer un logement et y installer la légation.

La corvette mouillera donc en rade de Macao. La première chose que M. Rouen ait à faire en descendant à terre, ou même avant de descendre, c'est de faire appeler l'interprète présumé de la Légation, M. Martin Marques, et lui donner à traduire une lettre que M. Rouen aura pu rédiger d'avance pendant le voyage, et par laquelle il annoncera au gouvernement chinois la nature de sa mission, son arrivée à Macao et son projet de se rendre à Canton, à peu près à telle époque... Si M. Guizot jugeait convenable de donner à M. Rouen une dépêche pour *Ki-iñ*, M. Rouen ferait bien d'annoncer aussi cette lettre, se réservant de la remettre lui-même à Son Altesse, afin de témoigner et d'inspirer plus de respect pour le Ministre des Affaires étrangères.

Quant aux formes à observer dans cette dépêche, et les suivantes, M. Marques, qui est depuis plus de vingt ans dans la diplomatie chinoise, saura parfaitement ce qu'il y aura à faire: je crois, cependant, pour plus grande sureté, devoir recommander les points suivants, comme plus essentiels que le reste.

1º La première dépêche doit être adressée conjointement à *Ki-iñ* et à *Huañ* [2]), comme le sera dans la suite toute la correspondance officielle, à moins qu'il ne survienne un changement dans le personnel qui constitue le Commissariat Impérial. Il vaut mieux entrer ainsi de soi-même dans la ligne à suivre, que de se faire redresser par les Chinois, ainsi que l'aurait éprouvé M. de Lagrené, s'il n'avait, dès l'arrivée de *Huañ* au pouvoir, fait valoir le prétexte qu'ayant entamé ses négociations avec *Ki-iñ* seul, il ne convenait pas qu'il les finit autrement. *Huañ* céda bénévolement aux conseils que je lui donnai pour le maintien amical de nos relations; mais, dans le fonds, il aurait eu droit de se faire reconnaître officiellement par M. de Lagrené, car il était en possession du décret impérial qui l'avait nommé Commissaire Impérial adjoint, et il était reconnu pour tel par tous les ministres étrangers.

---

1) *Alexand. H.* Everett, de Massachussets; commissaire 13 mars 1845; ne termina pas son voyage pour rejoindre son poste, mais retourna à Boston, 3 oct. 1845, ayant (8 août) remis ses pouvoirs *p. i.* au Commodore Biddle. Everett gagna son poste le 5 oct. 1846 et mourut en Chine le 28 juin 1847.

2) Houang Ngen-t'ouug 黃恩彤, gouverneur du Kouang-toung.

2⁰ On donnera aux dépêches la qualification chinoise de *chao-huei* ¹) consacrée par le traité de Wañ-pu pour les relations officielles entre fonctionnaires d'un rang supérieur.

3⁰ Puisque M. Rouen reçoit en Chinois un titre destiné à le faire passer pour l'égal des Commissaires Impériaux, les enveloppes des dépêches porteront son nom *sur le même côté*, et à *la même hauteur du papier* que les noms des diplomates chinois: mais dans le corps des dépêches, il vaudra mieux, qu'au lieu de se désigner, comme le fait *Ki-iñ* par l'expression de *Pen-ta-tchen* ²) (*Moi grand fonctionnaire*) il s'appelle *Pen-kuñ-xe* ³) (*Moi Envoyé diplomatique*). C'est la locution employée par les ministres plénipotentiaires anglais et américain, lesquels cependant, traitent le Commissaire Impérial de *Kuéi-tâ-tchen* ⁴) (*Le noble grand fonctionnaire*, ou *Votre noble grandeur*). Si on élevait, à cet égard, plus de prétentions que Sir Davis et M. Everett, on diminuerait dans l'esprit des Chinois et des Européens d'autant qu'on aurait voulu s'agrandir.

4⁰ Aucun gouvernement étranger n'adresse de dépêches au gouvernement chinois en d'autre langue qu'en chinois; d'abord, parce que toute traduction non revêtue du sceau n'est pas regardée comme officielle; et ensuite, parce qu'il est reconnu que la Chancellerie chinoise se dessaisit facilement des textes européens, et qu'ainsi les secrets sont promptement trahis. M. Rouen sera donc obligé de suivre, à cet égard, l'exemple de ses collégues, et pourra, à son gré, expédier ses dépêches revêtues du sceau de son office seulement, comme le font les Chinois, ou y ajouter sa signature, comme M. de Lagrené avait choisi de faire.

5⁰ Il ne faudra jamais perdre de vue, que le Roi doit être désigné par les mêmes expressions que l'Empereur de Chine, savoir *Ta-huan-ti* ⁵), et que dans toutes les locutions figurées qui se rapportent à lui, il faudra l'assimiler en tout à l'Empereur de Chine. C'est un point délicat sur lequel M. Rouen et le Ministère devront toujours avoir l'oeil ouvert.

Aussitôt que la dépêche de M. Rouen aura été traduite et mise au net (ce qui pourra être fait en moins de deux heures), qu'elle sera revêtue du sceau et placée dans une enveloppe munie du même sceau sur les bords cachetés, M. Marques ira la porter lui-même au mandarin de Macao, afin que celui-ci l'expédie à Canton. Si tout autre personne la portait chez ce fonctionnaire, probablement il ne la recevrait pas, et alors, il y aurait des inconvénients à subir pour passer par un autre canal.

---

1) 照會 *Tchao houei.*

2) 本大臣.

3) 本公使.

4) 貴大臣.　　　　5) 大皇帝.

La réponse du Commissaire Impérial ne se fera pas attendre plus de cinq ou six jours, et il est possible qu'elle soit apportée à Macao par un Mandarin chargé de faire personnellement les compliments de Son Altesse à M. Rouen. Si c'est un mandarin à globule *bleu*, ou même *blanc*, M. Rouen pourra le recevoir, mais sans apparat. Si au contraire c'était un mandarin de bas étage à globule *d'or* ou même de *cristal*, il faudrait le faire recevoir par le premier secrétaire et l'interprète qui connait très bien ces usages.

Pour l'effet moral, il convient que M. Rouen ne descende pas ailleurs que dans sa propre maison, soit à Macao, soit à Canton. A Macao, une heure suffira pour qu'il puisse voir les maisons disponibles et choisir celle qui lui conviendra le mieux. Si l'emménagement éprouvait quelques retards, il vaudrait mieux loger à bord que de recevoir l'hospitalité de qui-que-ce-soit, *même du consul*. Il faut éviter également de mettre le pied dans d'autres embarcations, que celles de la corvette, lors-même qu'elles porteraient pavillon français, ou qu'elles seraient honorées de la présence du Consul.

Une fois installé à Macao, on a toutes les facilités désirables pour se procurer une maison à Canton. La personne qu'il y aurait le moins d'inconvénient, à employer pour cet effet, serait, selon moi, M. Louis Bovet [1]), homme riche, serviable, estimé de tout le monde, et indépendant de toutes les coteries qui s'efforcent de capter l'esprit des autorités françaises à leur débarquement en Chine.

Quand son installation de plaisance à Macao permettra à M. Rouen d'aller faire son entrée à Canton (et il faudrait que ce fût dans la quinzaine qui suivit son arrivée en Chine), il en préviendra de nouveau le Commissariat Impérial, et remontera la rivière du Tigre jusqu'à *Wan-pu* [2]), à bord de la corvette qui l'aura porté dans ces parages lointains. Il est probable que les Chinois enverront un Mandarin au devant de lui avec des cartes de visite et des félicitations. Ils ne sont, cependant, pas tenus de faire cette politesse non plus que d'envoyer à Macao le message dont je discutais tout-à-l'heure l'hypothèse, et dans le cas où personne ne paraitrait, M. Rouen ne devrait jamais faire semblant de s'en être aperçu.

Arrivé à Canton, il faudra adopter immédiatement, par l'entremise de M. Marques et de concert avec les autorités chinoises, un linguiste officiel, qui seul sera chargé de porter la correspondance de la Légation dans l'intérieur de la ville murée, et d'en rapporter les réponses du Commissaire Impérial. On s'est servi, autrefois, pour cet objet, d'un nommé *Achin*, homme assez probe, pour un Chinois, et pouvant dire quelques mots de français.

Dès qu'on aura un linguiste, on pour mieux dire, un courrier, il faudra

---

1) De nationalité suisse.

2) Whampoa, Houang-pou 黃埔.

demander une entrevue personnelle aux Commissaires Impériaux, leur laissant le soin de régler, d'après les indications astrologiques de leur almanach, le jour et l'heure les plus propices. L'entrevue aura probablement lieu dans la maison de campagne de *Pan-se-chen*; par conséquent, *Ki-iñ* et HUAÑ ne pourront pas s'y rendre tous les deux, parce qu'il faut que l'un reste dans la ville murée quand l'autre en sort. Ki-iñ sera accompagné de *Pan-se-chen* et *Chao Chan-lin*, ses adjoints dans l'administration des affaires extérieures. M. Rouen pourra conduire, outre les membres de sa légation, une partie des officiers supérieurs de l'escadre; mais pas de négociants, pas de bourgeois, et *surtout*, pas de missionnaires.

Mon rapport, ce me semble, doit s'arrêter ici, car, j'aime à croire qu'une fois entré en relations avec les hauts fonctionnaires chinois, M. Rouen trouvera en lui-même toutes les ressources nécessaires pour représenter dignement la France, et lui conserver les sympathies qu'elle s'est acquises dans le plus vaste empire de l'univers.

Agréez, Monsieur le Directeur, etc., etc.

(sig.) J. M. CALLERY.

P.S. Il me parait très-utile, pour ne pas dire nécessaire, que M. Rouen envoye au Ministère les copies chinoises certifiées, des dépêches qui seront échangées entre sa Légation et le Commissaire impérial afin que le Département ait la certitude que toutes les formes voulues ont été observées de part et d'autre, et que, du côté des Chinois surtout, aucune tentative indirecte n'est en œuvre pour restituer insensiblement à leurs relations avec l'étranger le caractère de suprématie qu'ils leur donnaient naguère. Ce sera, d'ailleurs, pour M. Rouen lui-même une garantie officielle dont il doit sentir tout le prix.

Enfin, le 15 avril 1847, M. Forth Rouen recevait ses instructions:

Instructions
M. F. Rouen,
Envoyé et
Chargé d'af-
faires du Roi
en Chine.

Paris, ce 15 avril 1847.

Monsieur,

Le Traité conclu en 1844 à Whampoa accorde aux Français la faculté de résider à Canton ainsi que dans quatre autres villes du littoral de la Chine déjà ouvertes aux Anglais et aux Américains par des traités antérieurs. Cette Convention pourra avoir pour effet d'établir des relations plus actives entre la France et la Chine. La nécessité d'assurer à nos nationaux une protection efficace, et en même temps le désir de donner à la Cour Impériale un gage de sympathie ont été les motifs qui ont déterminé le Gouvernement du Roi à vous envoyer en qualité de Chargé d'Affaires à Canton. Les usages diplomatiques de la Chine et les exigences d'une étiquette incompatible avec la dignité de la France, ne vous permettant pas d'approcher de l'Empereur, vous n'aurez de rapports qu'avec les Commissaires Impériaux.

Le principal objet de votre sollicitude, celui qui a le plus particulièrement déterminé l'envoi d'une mission permanente, sera l'exécution des édits qui ont autorisé sur notre demande le libre exercice de la religion chrétienne dans l'Empire. La nécessité d'une grande réserve en cette matière vous est naturellement indiquée par la manière dont cette négociation a été primitivement conduite. L'absence calculée de toute stipulation internationale vous permettra difficilement d'adresser à ce sujet aux Commissaires Impériaux des communications officielles. Cependant, bien qu'en thèse générale nous n'ayons pas à surveiller par voie diplomatique l'exécution d'édits impériaux portant une concession aux sujets de l'Empereur, ces édits ayant été rendus à notre instigation et nous ayant été officiellement communiqués, vous pourrez si la nécessité vous en était démontrée, intervenir dans une juste mesure à l'effet de rappeler au Gouvernement chinois ses promesses.

Nous tenons d'autant plus à la stricte exécution de ces édits que, même indépendamment des grands intérêts de la liberté religieuse, ils doivent avoir un jour pour effet de faciliter les relations et les échanges, d'ouvrir en un mot plus complètement, plus efficacement l'Empire chinois à la civilisation occidentale.

Cela posé, vous apporteriez, le cas échant, tous vos soins à ménager la susceptibilité du Gouvernement Impérial et vous n'interviendrez dans ces questions délicates qu'au nom des intérêts bien entendus et de la dignité même du Cabinet de Pe-king; il vous serait facile, en effet, en rappelant les circonstances qui ont déterminé les concessions impériales, de faire sentir aux représentants de l'Empereur, qu'autant ils se sont acquis notre bienveillance en se montrant cléments pour nos coreligionnaires, autant ils courraient risque de s'aliéner nos sympathies, en revenant sur des concessions notifiées, et dont nous avons pris acte.

Vous n'oublierez pas d'ailleurs que les plaintes qui pourront vous être portées de l'inexécution des édits dans certaines parties de la Chine n'auront pas un caractère d'authenticité suffisant pour être opposées aux rapports des autorités provinciales, si elles sont faites par de simples sujets chinois; et, si elles émanaient d'Européens, elles seraient entachées d'illégalité puisque leurs auteurs se seraient mis en contradiction au traité de Whampoa et aux lois locales en pénétrant dans l'intérieur de l'Empire.

Votre langage et votre action auront d'autant plus de force que vous maintiendrez de votre côté plus scrupuleusement la stricte observation des clauses du traité de Whampoa qui règlent les devoirs des Français en Chine. La différence qui existe sur ce point entre la position des Anglais et la nôtre, nous impose l'obligation de la plus rigoureuse surveillance sur nos nationaux. En effet le Consul anglais, auquel est remis, en vertu du traité, un sujet britannique coupable de transgression de limites doit lui infliger des punitions réglées d'avance, et augmentant graduellement s'il y a récidive, tandis qu'aucune pénalité n'est instituée pour les Français qui commettraient un délit analogue.

La stipulation qui oblige de ramener à nos agents les Français qui seraient sortis des limites, pourrait exciter la défiance du Gouvernement chinois contre ces agents eux-mêmes, s'ils n'empêchaient autant qu'il sera en leur pouvoir, leurs nationaux d'outrepasser les priviléges qui leur sont assurés.

En conséquence, tout en maintenant avec énergie les droits qui nous sont conférés par l'article 13 du traité, notamment en ce qui touche aux égards et aux bons procédés dont nos nationaux, arrêtés en dehors des limites, doivent être l'objet de la part de l'autorité chinoise, vous aurez à prouver par vos actes et vos paroles une ferme volonté de respecter et de faire respecter les droits que s'est réservés le Gouvernement Impérial. Vous aurez soin surtout de vous opposer à ce qu'aucune assistance ne soit donnée par les bâtiments de l'Etat, à des entreprises notoirement contraires au traité.

Pour assurer de part et d'autre la loyale exécution des Conventions et prévenir des malentendus ou des erreurs, un des points que vous devrez d'abord régler, sera la fixation des limites qu'il sera défendu aux Français de franchir. Il est probable que le meilleur parti à prendre à cet égard, sera d'adopter pour notre compte les délimitations déjà acceptées par le Gouvernement de S. M. B. et celui des Etats-Unis. Le nombre considérable d'Anglais établis en Chine, l'importance des affaires qu'ils y traitent, l'expérience qu'ils ont acquise par le contact avec les gens du pays, doivent faire présumer qu'ils n'ont rien négligé pour obtenir toutes les facilités compatibles avec les exigences locales, cependant avant de fixer pour nous les limites telles que les ont acceptées les Plénipotentiaires anglais et américain, il sera convenable de s'informer auprès des fonctionnaires de ces deux nations qui résident en Chine, si l'expérience n'a pas démontré quelques inconvénients dans la pratique, et la nécessité de quelques modifications. S'il en était ainsi, vous devriez vous attacher à obtenir les améliorations qui vous seraient signalées, et dont par suite du principe qui leur assure le traitement de la nation la plus favorisée, les Anglais et les Américains devraient profiter après nous.

Il est un point, dans la question des limites qui n'a pas été résolu encore entre les autorités anglaises et les autorités chinoises: c'est celui de la libre entrée dans la ville murée de Canton. Sur cette question grave qui touche si profondément aux préjugés nationaux du pays, il convient encore d'user de la plus grande circonspection. Vous examinerez, Monsieur, tout ce qui s'y rattache, et quelque soit le parti auquel s'arrête le représentant de S. M. B. vous ne vous engagerez pas sans avoir provoqué en connaissance de cause et reçu des instructions spéciales et précises de mon Département.

Bien que le traité conclu entre la France et le Céleste Empire en 1844 ait eu pour but d'assurer à notre commerce l'entrée des principaux ports de la Chine, et la faculté de s'exercer dans des conditions favorables, il s'écoulera sans doute un certain temps avant qu'il puisse se développer dans des proportions considérables. Vous aurez donc à remplir avant tout, au point de vue commercial un rôle d'observation et de préparation. Vous recueillerez sur les besoins, les goûts, et les habitudes du pays, sur les prix et la nature des marchandises usuelles des renseignements qui vous permettent de juger quels sont ceux de nos produits qui pourraient être avantageusement apportés en Chine, et quels produits du pays pourraient former des cargaisons de retour. Vous vous efforcerez d'acquérir des notions précises sur les procédés indigènes de fabrication et particulièrement sur la partie chimique des arts industriels qui a été poussée par les Chinois à un haut degré de perfection. Le personnel dont vous disposerez, vous permettra d'étendre vos recherches par des explorations dans les différents centres commerciaux ouverts aux Français par le Traité de Whampoa.

Il a paru suffisant, pour le moment, de placer un vice-consul à Chang-Haï, mais il serait possible que les circonstances rendissent nécessaire la création d'agences consulaires dans quelqu'autre des cinq ports, notamment à Amoy. Vous pourrez en ce cas présenter à mon agrément les personnes qui vous sembleront offrir le plus de garanties pour remplir ces fonctions.

Le traité de Whampoa attribue aux Consulats du Roi une juridiction civile et criminelle sur les Français établis en Chine. Pour rendre applicables les stipulations qui ne se trouveraient pas en rapport avec notre législation consulaire, j'ai dû faire préparer un projet de loi spécial qui sera prochainement soumis aux chambres. J'aurai soin que les Vice-Consuls soient compris dans ce projet de loi.

Je n'ai pas cru devoir désigner d'avance, vu l'absence de tout candidat convenable en Europe et la difficulté de faire à une si grande distance un choix sur les lieux-mêmes, l'interprète qui devra concourir aux travaux de votre mission. Votre premier soin en arrivant à Canton devra donc être de choisir un interprète provisoire que je pourrai plus tard confirmer dans son titre, quand sa capacité et sa discrétion auront été suffisamment éprouvées, et je vous autorise à lui compter un traitement annuel de 6000 fr. que vous porterez au compte des frais de service de votre mission.

L'observation scrupuleuse des règles de l'étiquette a dans le pays où vous allez résider la plus grande importance. Afin de prévenir les inconvénients qui pourraient résulter de l'ignorance de quelques usages, j'ai fait rédiger par M. Callery dont l'expérience à cet égard ne saurait être mise en doute, une note détaillée que vous trouverez ci-jointe et que vous pourrez consulter avec fruit.

Tels sont, M., les points principaux que je crois devoir signaler à votre

attention; il est impossible, en présence d'une situation si nouvelle, si exception-
nelle à tant d'égards, de prévoir tous les cas qui pourraient se présenter. J'ai
la ferme conviction que vous saurez apprécier sur les lieux la conduite que
vous aurez à tenir pour maintenir en toute occasion, soit aux yeux des Chinois
eux-mêmes, soit aux yeux des autres populations européennes qui communique-
ront avec le Céleste Empire, la dignité et l'autorité du nom français, et pour
consolider, pour étendre même, les rapports qui tendent si heureusement à s'établir, dans l'intérêt de la civilisation universelle, entre les régions les plus recu-
lées de l'Extrême Orient et les nations chrétiennes de l'Europe occidentale.

M. Forth Rouen s'embarqua à Cherbourg sur la corvette la
Bayonnaise; elle devait être prête le 15 avril; elle ne mit à la voile
que le 24 avril 1847.

IMPRIMERIE CI-DEVANT E. J. BRILL, LEIDE.